THIS JOURNAL
BELONGS TO :

Copyright ©

Who :   When :   Where :

♥ ♥ ♥ ♥ ♥ ♥ ♥ ♥ ♥ ♥

Who :   When :   Where :

Who :   When :   Where :

_____

_____

_____

_____

_____

_____

♥•♥•♥•♥•♥•♥•♥•♥•♥•♥•♥•

Who :   When :   Where :

_____

_____

_____

_____

_____

Who :   When :   Where :

♥·♥·♥·♥·♥·♥·♥·♥·♥·♥·

Who :   When :   Where :

Who :   **When :**   **Where :**

_____

_____

_____

_____

_____

_____

♥•♥•♥•♥•♥•♥•♥•♥•♥•

Who :   **When :**   **Where :**

_____

_____

_____

_____

_____

_____

Who :   When :   Where :

♥·♥·♥·♥·♥·♥·♥·♥·♥·♥·♥·♥·♥·♥

Who :   When :   Where :

Who :   When :   Where :

_____

_____

_____

_____

_____

♥ • ♥ • ♥ • ♥ • ♥ • ♥ • ♥ • ♥ • ♥

Who :   When :   Where :

_____

_____

_____

_____

_____

_____

Who :   When :   Where :

♥ · ♥ · ♥ · ♥ · ♥ · ♥ · ♥ · ♥ · ♥ · ♥ ·

Who :   When :   Where :

Who :   When :   Where :

_____

_____

_____

_____

_____

_____

Who :   When :   Where :

_____

_____

_____

_____

_____

Who :　　　　　　When :　　　　　　Where :

♥·♥·♥·♥·♥·♥·♥·♥·♥

Who :　　　　　　When :　　　　　　Where :

Who :   When :   Where :

_____

_____

_____

_____

_____

_____

♥·♥·♥·♥·♥·♥·♥·♥·♥

Who :   When :   Where :

_____

_____

_____

_____

_____

_____

Who :   When :   Where :

♥·♥·♥·♥·♥·♥·♥·♥·♥·♥

Who :   When :   Where :

Who :   When :   Where :

_____

_____

_____

_____

_____

♥ · ♥ · ♥ · ♥ · ♥ · ♥ · ♥ · ♥ · ♥

Who :   When :   Where :

_____

_____

_____

_____

_____

Who :   When :   Where :

♥ ♥ ♥ ♥ ♥ ♥ ♥ ♥ ♥

Who :   When :   Where :

Who :   When :   Where :

_____

_____

_____

_____

_____

❤ • ❤ • ❤ • ❤ • ❤ • ❤ • ❤ • ❤ • ❤ •

Who :   When :   Where :

_____

_____

_____

_____

_____

Who :　　　　　　When :　　　　　　Where :

♥･♥･♥･♥･♥･♥･♥･♥･♥･♥･

Who :　　　　　　When :　　　　　　Where :

Who :   **When :**   **Where :**

_____

_____

_____

_____

_____

_____

♥•♥•♥•♥•♥•♥•♥•♥•♥•♥•♥

Who :   **When :**   **Where :**

_____

_____

_____

_____

_____

_____

Who : **When :** **Where :**

_____
_____
_____
_____
_____

❤·❤·❤·❤·❤·❤·❤·❤·❤·❤·❤

Who : **When :** **Where :**

_____
_____
_____
_____
_____

Who :   When :   Where :

_____
_____
_____
_____
_____
_____

♥•♥•♥•♥•♥•♥•♥•♥•♥•

Who :   When :   Where :

_____
_____
_____
_____
_____
_____

Who :   When :   Where :

_____

_____

_____

_____

_____

_____

❤ ❤ ❤ ❤ ❤ ❤ ❤ ❤ ❤ ❤

Who :   When :   Where :

_____

_____

_____

_____

_____

_____

Who :   When :   Where :

Who :   When :   Where :

Who :   When :   Where :

♥•♥•♥•♥•♥•♥•♥•♥•♥•♥•♥

Who :   When :   Where :

Who :   When :   Where :

_____

_____

_____

_____

_____

Who :   When :   Where :

_____

_____

_____

_____

_____

Who :   When :   Where :

♥ · ♥ · ♥ · ♥ · ♥ · ♥ · ♥ · ♥ · ♥

Who :   When :   Where :

Who : **When :** **Where :**

_____
_____
_____
_____
_____

Who : **When :** **Where :**

Who :   When :   Where :

_____

_____

_____

_____

_____

♥·♥·♥·♥·♥·♥·♥·♥·♥·♥·

Who :   When :   Where :

_____

_____

_____

_____

_____

Who :   When :   Where :

_____

_____

_____

_____

_____

♥ ♥ ♥ ♥ ♥ ♥ ♥ ♥ ♥

Who :   When :   Where :

_____

_____

_____

_____

_____

Who :   When :   Where :

Who :   When :   Where :

Who :   When :   Where :

_____

_____

_____

_____

_____

_____

♥ ♥ ♥ ♥ ♥ ♥ ♥ ♥ ♥

Who :   When :   Where :

_____

_____

_____

_____

_____

_____

Who :   When :   Where :

♥ ·♥· ♥· ♥· ♥· ♥· ♥· ♥· ♥·

Who :   When :   Where :

Who :   When :   Where :

_____

_____

_____

_____

_____

_____

♥ ♥ ♥ ♥ ♥ ♥ ♥ ♥ ♥ ♥

Who :   When :   Where :

_____

_____

_____

_____

_____

Who :   When :   Where :

♥·♥·♥·♥·♥·♥·♥·♥·♥·♥·♥

Who :   When :   Where :

Who :   **When :**   **Where :**

_____

_____

_____

_____

_____

_____

Who :   **When :**   **Where :**

_____

_____

_____

_____

_____

Who :   When :   Where :

♥·♥·♥·♥·♥·♥·♥·♥·♥·♥·♥·♥·

Who :   When :   Where :

Who :   **When :**   **Where :**

_____

_____

_____

_____

_____

_____

♥ ♥ ♥ ♥ ♥ ♥ ♥ ♥ ♥

Who :   **When :**   **Where :**

_____

_____

_____

_____

_____

_____

Who :   When :   Where :

♥ · ♥ · ♥ · ♥ · ♥ · ♥ · ♥ · ♥ · ♥ ·

Who :   When :   Where :

Who :   When :   Where :

♥•♥•♥•♥•♥•♥•♥•♥•♥•♥

Who :   When :   Where :

Who :   When :   Where :

_____

_____

_____

_____

_____

_____

♥ · ♥ · ♥ · ♥ · ♥ · ♥ · ♥ · ♥ · ♥ · ♥ ·

Who :   When :   Where :

_____

_____

_____

_____

_____

Who :   When :   Where :

_____

_____

_____

_____

_____

Who :   When :   Where :

_____

_____

_____

_____

_____

Who :   When :   Where :

♥ ♥ ♥ ♥ ♥ ♥ ♥ ♥

Who :   When :   Where :

Who :   **When :**   **Where :**

_____

_____

_____

_____

_____

_____

♥ • ♥ • ♥ • ♥ • ♥ • ♥ • ♥ • ♥ • ♥ •

Who :   **When :**   **Where :**

_____

_____

_____

_____

_____

_____

Who :   When :   Where :

Who :   When :   Where :

Who : **When :** **Where :**

_____
_____
_____
_____
_____

♥･♥･♥･♥･♥･♥･♥･♥･♥

Who : **When :** **Where :**

_____
_____
_____
_____
_____

Who :   When :   Where :

♥•♥•♥•♥•♥•♥•♥•♥•♥•♥•

Who :   When :   Where :

Who :　　　　　**When :**　　　　　**Where :**

_____

_____

_____

_____

_____

_____

♥•♥•♥•♥•♥•♥•♥•♥•♥•

Who :　　　　　**When :**　　　　　**Where :**

_____

_____

_____

_____

_____

_____

Who :   When :   Where :

♥ ･ ♥ ･ ♥ ･ ♥ ･ ♥ ･ ♥ ･ ♥ ･ ♥ ･ ♥ ･

Who :   When :   Where :

Who :   When :   Where :

_____

_____

_____

_____

_____

♥•♥•♥•♥•♥•♥•♥•♥•♥•

Who :   When :   Where :

_____

_____

_____

_____

_____

Who :　　　　　When :　　　　　Where :

_____

_____

_____

_____

_____

♥･♥･♥･♥･♥･♥･♥･♥･♥･

Who :　　　　　When :　　　　　Where :

_____

_____

_____

_____

_____

Who :   When :   Where :

_____

_____

_____

_____

_____

_____

💜·💜·💜·💜·💜·💜·💜·💜·💜

Who :   When :   Where :

_____

_____

_____

_____

_____

_____

Who :   When :   Where :

♥ ♥ ♥ ♥ ♥ ♥ ♥ ♥ ♥ ♥

Who :   When :   Where :

Who :   When :   Where :

_____

_____

_____

_____

_____

❤ ❤ ❤ ❤ ❤ ❤ ❤ ❤ ❤ ❤

Who :   When :   Where :

_____

_____

_____

_____

_____

Who :   When :   Where :

♥·♥·♥·♥·♥·♥·♥·♥·♥·♥·♥·♥

Who :   When :   Where :

Who :   When :   Where :

_____

_____

_____

_____

_____

Who :   When :   Where :

_____

_____

_____

_____

_____

Who :   When :   Where :

♥ · ♥ · ♥ · ♥ · ♥ · ♥ · ♥ · ♥ · ♥ ·

Who :   When :   Where :

Who :   **When :**   **Where :**

Who :   **When :**   **Where :**

Who :　　　　　　When :　　　　　　Where :

♥•♥•♥•♥•♥•♥•♥•♥•♥

Who :　　　　　　When :　　　　　　Where :

Who :　　　　　When :　　　　　Where :

_____

_____

_____

_____

_____

♥•♥•♥•♥•♥•♥•♥•♥•♥

Who :　　　　　When :　　　　　Where :

_____

_____

_____

_____

_____

Who :   When :   Where :

♥·♥·♥·♥·♥·♥·♥·♥·♥·♥

Who :   When :   Where :

Who :　　　　　When :　　　　　Where :

♥·♥·♥·♥·♥·♥·♥·♥·♥·

Who :　　　　　When :　　　　　Where :

Who :   When :   Where :

♥ ♥ ♥ ♥ ♥ ♥ ♥ ♥ ♥

Who :   When :   Where :

Who :   When :   Where :

_____

_____

_____

_____

_____

_____

♥ • ♥ • ♥ • ♥ • ♥ • ♥ • ♥ • ♥ • ♥ •

Who :   When :   Where :

_____

_____

_____

_____

_____

_____

Who :　　　　**When :**　　　　**Where :**

_____

_____

_____

_____

_____

♥･♥･♥･♥･♥･♥･♥･♥･♥･♥

Who :　　　　**When :**　　　　**Where :**

_____

_____

_____

_____

_____

Who :   **When :**   **Where :**

_____

_____

_____

_____

_____

♥•♥•♥•♥•♥•♥•♥•♥•♥•♥•♥

Who :   **When :**   **Where :**

_____

_____

_____

_____

_____

Who :   When :   Where :

_____
_____
_____
_____
_____
_____

♥ ∙ ♥ ∙ ♥ ∙ ♥ ∙ ♥ ∙ ♥ ∙ ♥ ∙ ♥ ∙

Who :   When :   Where :

_____
_____
_____
_____
_____
_____

Who :   When :   Where :

_____

_____

_____

_____

_____

_____

Who :   When :   Where :

_____

_____

_____

_____

_____

Who :   When :   Where :

_____

_____

_____

_____

_____

♥ ･ ♥ ･ ♥ ･ ♥ ･ ♥ ･ ♥ ･ ♥ ･ ♥ ･ ♥ ･ ♥ ･ ♥

Who :   When :   Where :

_____

_____

_____

_____

_____

Who :   **When :**   **Where :**

❤ · ❤ · ❤ · ❤ · ❤ · ❤ · ❤ · ❤ · ❤

Who :   **When :**   **Where :**

Who :   **When :**   **Where :**

_____

_____

_____

_____

_____

_____

❤ ❤ ❤ ❤ ❤ ❤ ❤ ❤ ❤

Who :   **When :**   **Where :**

_____

_____

_____

_____

_____

_____

Who :   When :   Where :

_____

_____

_____

_____

_____

_____

♥·♥·♥·♥·♥·♥·♥·♥·♥

Who :   When :   Where :

_____

_____

_____

_____

_____

Who :   When :   Where :

Who :   When :   Where :

Who :   When :   Where :

♥·♥·♥·♥·♥·♥·♥·♥·♥·

Who :   When :   Where :

Who :   When :   Where :

♥·♥·♥·♥·♥·♥·♥·♥·♥·

Who :   When :   Where :

Who :   When :   Where :

Who :   When :   Where :

Who :   When :   Where :

Who :   When :   Where :

Who :　　　　**When :**　　　　**Where :**

_____
_____
_____
_____
_____
_____

♥•♥•♥•♥•♥•♥•♥•♥•♥•

Who :　　　　**When :**　　　　**Where :**

_____
_____
_____
_____
_____
_____

Who :   When :   Where :

_____

_____

_____

_____

_____

_____

♥･♥･♥･♥･♥･♥･♥･♥･♥･

Who :   When :   Where :

_____

_____

_____

_____

_____

_____

Who :   When :   Where :

_____
_____
_____
_____
_____
_____

♥ · ♥ · ♥ · ♥ · ♥ · ♥ · ♥ · ♥ · ♥ ·

Who :   When :   Where :

_____
_____
_____
_____
_____
_____

Who :   When :   Where :

♥ ♥ ♥ ♥ ♥ ♥ ♥ ♥ ♥ ♥ ♥ ♥ ♥

Who :   When :   Where :

Who :   **When :**   **Where :**

_____
_____
_____
_____
_____
_____

♥·♥·♥·♥·♥·♥·♥·♥·♥·♥·♥

Who :   **When :**   **Where :**

_____
_____
_____
_____
_____
_____

Who :   When :   Where :

♥·♥·♥·♥·♥·♥·♥·♥·♥·♥·♥·

Who :   When :   Where :

Who :   When :   Where :

♥·♥·♥·♥·♥·♥·♥·♥·♥

Who :   When :   Where :

Who :   When :   Where :

_____
_____
_____
_____
_____
_____

♥ ♥ ♥ ♥ ♥ ♥ ♥ ♥ ♥ ♥ ♥

Who :   When :   Where :

_____
_____
_____
_____
_____
_____

Who :   **When :**   **Where :**

_____

_____

_____

_____

_____

♥·♥·♥·♥·♥·♥·♥·♥·♥·

Who :   **When :**   **Where :**

_____

_____

_____

_____

_____

Who :   When :   Where :

Who :   When :   Where :

Who :　　　　　When :　　　　　Where :

Who :　　　　　When :　　　　　Where :

Who :   When :   Where :

Who :   When :   Where :

Who :   **When :**   **Where :**

_____

_____

_____

_____

_____

_____

♥ · ♥ · ♥ · ♥ · ♥ · ♥ · ♥ · ♥ · ♥ ·

Who :   **When :**   **Where :**

_____

_____

_____

_____

_____

_____

Who :   When :   Where :

Who :   When :   Where :

Who :   **When :**   **Where :**

_____
_____
_____
_____
_____
_____

❤•❤•❤•❤•❤•❤•❤•❤•❤•

Who :   **When :**   **Where :**

_____
_____
_____
_____
_____
_____

Who :   When :   Where :

_____

_____

_____

_____

_____

_____

♥·♥·♥·♥·♥·♥·♥·♥·♥·

Who :   When :   Where :

_____

_____

_____

_____

_____

_____

Who :　　　　**When :**　　　　**Where :**

♥･♥･♥･♥･♥･♥･♥･♥･♥･

Who :　　　　**When :**　　　　**Where :**

Who :   When :   Where :

Who :   When :   Where :

Who : **When :** **Where :**

_____
_____
_____
_____
_____
_____

❤·❤·❤·❤·❤·❤·❤·❤·❤·

Who : **When :** **Where :**

_____
_____
_____
_____
_____

Who :　　　　　　When :　　　　　　Where :

♥·♥·♥·♥·♥·♥·♥·♥·♥·♥·

Who :　　　　　　When :　　　　　　Where :

Who :　　　　　When :　　　　　Where :

♥·♥·♥·♥·♥·♥·♥·♥·♥

Who :　　　　　When :　　　　　Where :

Who :   When :   Where :

Who :   When :   Where :

Who :   When :   Where :

_____

_____

_____

_____

_____

_____

♥ ♥ ♥ ♥ ♥ ♥ ♥ ♥ ♥

Who :   When :   Where :

_____

_____

_____

_____

_____

_____

Who :   When :   Where :

♥•♥•♥•♥•♥•♥•♥•♥•♥•♥

Who :   When :   Where :

Who :   **When :**   **Where :**

_____
_____
_____
_____
_____
_____

♥·♥·♥·♥·♥·♥·♥·♥·♥·♥

Who :   **When :**   **Where :**

_____
_____
_____
_____
_____
_____

Who :   When :   Where :

Who :   When :   Where :

Who :   **When :**   **Where :**

_____
_____
_____
_____
_____
_____

♥ • ♥ • ♥ • ♥ • ♥ • ♥ • ♥ • ♥ • ♥ •

Who :   **When :**   **Where :**

_____
_____
_____
_____
_____
_____

Who :   When :   Where :

♥·♥·♥·♥·♥·♥·♥·♥·♥·♥·

Who :   When :   Where :

Who :   **When :**   **Where :**

Who :   **When :**   **Where :**

Who :   When :   Where :

_____

_____

_____

_____

_____

_____

❤ · ❤ · ❤ · ❤ · ❤ · ❤ · ❤ · ❤ · ❤ ·

Who :   When :   Where :

_____

_____

_____

_____

_____

_____

Who :　　　　When :　　　　Where :

♥･♥･♥･♥･♥･♥･♥･♥･♥･

Who :　　　　When :　　　　Where :

Who :   When :   Where :

Who :   When :   Where :

Who :　　　　　When :　　　　　Where :

Who :　　　　　When :　　　　　Where :

Who :   When :   Where :

_____
_____
_____
_____
_____
_____

♥·♥·♥·♥·♥·♥·♥·♥·♥·♥·

Who :   When :   Where :

_____
_____
_____
_____
_____
_____

Who :   **When :**   **Where :**

_____

_____

_____

_____

_____

_____

Who :   **When :**   **Where :**

_____

_____

_____

_____

_____

_____

Who :   When :   Where :

Who :   When :   Where :

Who :   When :   Where :

♥•♥•♥•♥•♥•♥•♥•♥•♥

Who :   When :   Where :

Who :   When :   Where :

♥·♥·♥·♥·♥·♥·♥·♥·♥·♥·♥·♥

Who :   When :   Where :

Who :   When :   Where :

_____

_____

_____

_____

_____

_____

Who :   When :   Where :

_____

_____

_____

_____

_____

_____

Who :   When :   Where :

♥·♥·♥·♥·♥·♥·♥·♥·♥·♥·

Who :   When :   Where :

Who :   **When :**   **Where :**

_____

_____

_____

_____

_____

Who :   **When :**   **Where :**

_____

_____

_____

_____

_____

Who :   When :   Where :

♥ · ♥ · ♥ · ♥ · ♥ · ♥ · ♥ · ♥ · ♥ · ♥

Who :   When :   Where :

Who :   When :   Where :

Who :   When :   Where :

Who :   When :   Where :

Who :   When :   Where :

Made in the USA
Monee, IL
10 November 2024

9bdd2553-5fbc-4f10-ab76-06ac64aabb90R01